죽음이란 사람이나 동물이나 식물이 숨을 쉴 수 없는 상태를 말해요.

죽으면 생각할 수도 없고, 움직일 수도 없고,

먹을 수도 없고, 어떤 감정도 느낄 수 없답니다.

그래서 우리는 죽음을 생명이 살아 있지 않다고 말해요.

글·그림 **트레버 로메인** Trevor Romain

어린이 책을 쓰는 작가이자 일러스트레이터. 그가 쓴 다수의 아동서는 전세계 18개국에서 출간돼 100만 부 이상 팔렸다. 그는 20년 가까이 전 세계 학교와 어린이 병원, 여름캠프, 군사 기지를 방문해 어린이들이 영감을 얻을 수 있는 스탠드업 코미디를 전하고 있다. 미군 키즈 위문 협회를 공동 설립해 어린이 전문가로 역량을 펼치며, 메이크어위시 재단, 유엔, 유니세프, USO 등에서 활동하고 있다. 교육 및 정신건강 분야 회의에서 기조연설가로 참여하고 있으며, 미국 소아암 기구(American Children Cancer Organization) 전 회장을 역임했다.

아버지의 죽음을 겪고 느낀 감정을 연구하여 소중한 이들의 죽음을 경험한 어린이들이 자신의 감정을 이해하고, 슬픔을 극복할 수 있도록 친절하게 안내한다. 저서로는 《내가 만약 생쥐처럼 작아진다면》, 《신경질 유령》, 《넓은 하늘 아래》 등이 있다.

옮긴이 **권성애**

미국 뉴욕 대학교에서 임상사회사업 석사 학위와 조지아 대학교에서 사회사업 박사 학위를 취득했다. 메릴랜드 대학교에서 고령화 및 응용 죽음학 과정을 수료하였으며, 웰다잉 문화 확산과 정착을 위한 교육 및 연구에 매진하고 있다.

이 책을 만들기까지 죽음을 경험한 어린이들이 겪는 슬픔과 상실감에 대해 여러 분야에서 자문을 주신 전문가 분들께 감사드립니다.

- 윌리엄 크로엔 William C. Kroen, Ph.D. LMHC
  정신건강 상담사(Licensed Mental Health Counselor)

- 토마스 그린스폰 Thomas S. Greenspon, Ph.D.
  심리학자(Licensed Psychologist)

- 해리 랜치 Harry Lanch, M.D.
  소아청소년 정신과 의사(Children and Adolescent Psychiatrist)

- 데비 샤프 Debi, Sharp, LSW
  사회복지사(Licensed Social Work)

What on Earth Do You Do When Someone Dies? by Trevor Romain
What on Earth Do You Do When Someone Dies? © 1999 Trevor Romain
Original English language edition published by Free Spirit Publishing 6325 Sandburg Road Suite 100, Minneapolis, MN, 55427, United States, Phone: 612-338-2068.
All rights reserved.
Korean translation copyright © [2020] SA Publishing Co.
Korean translation rights are arranged with Free Spirit Publishing through Dropcap Rights Agency, USA and AMO Agency, Korea.

이 책의 한국어판 저작권은 AMO 에이전시를 통해 저작권자와 독점 계약한
SA(에쎄이) Publishing Co.에 있습니다.

트레버 로메인 글·그림 | 권성애 옮김

이 책을 읽는 어린이들에게

10년도 훨씬 더 지난 일이에요. 가을에서 겨울로 계절의 문턱이 바뀌던 어느 날, 사랑하는 아빠가 내 곁을 떠났어요. 아빠의 죽음은 충격 그 자체였어요. 그래서인지 배가 너무 아팠고, 아무것도 먹고 싶지 않았어요. 누구와도 이야기 나누고 싶지 않았고, 뜬눈으로 밤을 꼬박 지새우는 날들을 보냈어요. 아빠가 돌아가신 후로 온 세상이 다르게 느껴졌어요.

사랑하는 사람의 죽음을 지켜보는 일은 너무나 충격이에요. 도대체 무슨 일이 일어난 건지 믿기지 않고, 어디서부터 어떻게 해야 하는지 혼란스럽죠. 말할 수 없이 슬프고, 고통스러울 수 있어요. 점점 우리 마음속에 걱정과 불안, 두려움과 공포가 찾아올 수도 있어요. 하지만 이런 감정이 생기는 것은 당연하고 자연스러운 일이랍니다.

◇◇◇

아빠는 세상을 떠나기 전에 글쓰기와 그림 그리는 법을 가르쳐 주셨어요. 그러고는 "트레버! 글과 그림을 통해 다른 사람을 도울 수 있는 일들을 해 보렴"이라고 말씀하셨죠. 아빠를 떠나보낸 후 함께한 추억을 떠올려 봤어요. 그리고 아빠의 죽음으로 인해 내가 느끼고 경험한 것들을 여러분과 함께 나누고 싶어서 글을 쓰고 그림을 그리기 시작했어요. 나는 이 책을 만들면서 마음속에 꼭꼭 숨어 있던 감정을 하나씩 꺼내 보았어요. 그랬더니 신기하게도 불안했던 마음이 점점 안정되었어요.

이 책을 만들면서 내가 일한 병원에서 만난 아이들과 나눴던 추억이 떠올랐어요. 아이들은 많이 아팠지만 웃음을 잃지 않았어요. 나의 소중한 친구들과 재미있는 이야기를 나누고 웃었던 그때가 아직도 생생해요.

◇◆◇

　시간이 흐르면서 몇몇 친구들은 병마와의 싸움에서 이기지 못하고 세상을 떠났어요. 내 곁을 떠난 그들을 다시 볼 수 없다는 생각에 무척이나 슬펐지만, 함께한 추억이 있기에 미소를 지을 수 있답니다.

　앞으로 여러분과 함께 '죽음'에 대해 생각해 보고, 이야기를 나눠 볼 거예요. 내가 이 책을 만든 중요한 이유이기도 해요. 여러분은 사랑하는 가족, 친한 친구, 소중한 반려동물을 떠나보낸 적 있나요? 그렇다면 이 책은 여러분이 궁금해 하는 많은 질문에 답을 줄 거예요. 그리고 인생에서 가장 가슴 아프고, 고통스러운 시간을 잘 이겨낼 수 있도록 위로와 응원을 보내 줄 거예요.

　지금은 많이 허전하고 슬플지도 몰라요. 무엇을 어떻게 해

◇◇◇

야 할지 혼란스러울 수도 있어요. 그렇지만 부정적인 감정들이 계속 여러분을 따라다니며 괴롭히지는 않을 거예요. 하루가 지나고, 몇 주가 지나고, 몇 달이 지나면 여러분은 반드시 괜찮아질 거예요. 나도 아빠의 죽음을 겪으면서 그랬거든요. 한번 내 말을 믿어 보세요!

트레버 로메인 아저씨가

☀ 차례 ☾

✏️ 이 책을 읽는 어린이들에게 … 4

⭐ **1** 사람은 왜 죽어요? … 10

⭐ **2** 언젠가는 엄마 아빠도 죽나요? … 13

⭐ **3** 누구에게 털어놓아야 하나요? … 16

⭐ **4** 죽으면 어떻게 돼요? … 19

⭐ **5** 마음이 아파요 … 21

⭐ **6** 울어도 괜찮을까요? … 27

⭐ **7** 내 잘못 같아요 … 30

⭐ **8** 혼자 있고 싶어요 … 34

⭐ **9** 너무 화가 나요 … 36

⭐10 언젠가는 괜찮아 질까요? … 38

⭐11 즐겁게 지내도 괜찮나요? … 41

⭐12 죽으면 어디로 가나요? … 44

⭐13 죽은 사람의 몸은 어떻게 되나요? … 46

⭐14 마지막 인사는 어떻게 하나요? … 52

⭐15 장례식, 추도식이 뭐예요? … 54

⭐16 마지막 인사를 해 볼까요? … 62

⭐17 추억을 가지고 살 거예요 … 68

📖 나만의 추억 기록장 … 74

사람은 왜 죽어요?

우리가 엄마 뱃속에서 세상으로 나오는 순간, 삶이 시작 돼요. 그리고 삶은 죽음이라는 것으로 끝이 나요. 이것은 누구에게나 공평해요. 지구에 사는 식물, 곤충, 동물, 그리고 사람들에게는 모두 시작과 끝이 있어요.

어떤 사람들은 오랜 세월이 지나 할머니, 할아버지가 되고 나서 죽음을 맞이해요. 또 다른 사람들은 암이나 심장병 등 고치기 어려운 병에 걸려 죽거나, 갑작스럽게 끔찍한 교통사고를 당해 죽기도 해요.

사람들은 각자 다른 이유로 세상을 떠나지만, 죽음은 누구에게나 충격적이고 슬픈 일이에요. 그 죽음을 감당해야 하는 가족과 친구들에게는 더더욱 고통스러운 일이죠.

나에게는 비키라는 똑똑한 친구가 있어요. 그녀는 14살의 어린 나이에도 불구하고 암과 힘겹게 싸우고 있어요. 어느 날 친구들과 함께 죽음에 대해 이야기를 나누는데, 비키가 중요한 이야기를 들려주었어요.

"사람들은 죽음에 대해서 말하고 싶어 하지 않아. 그래서 우리는 죽음이 무엇이고, 어떤 것인지 잘 알지 못해. 모를수록 두려움이 더 커지는데 말이야!"

　우리는 잘 알지 못하는 것에 대해 두려움을 크게 느껴요. 정확히 알지 못하니까 막연한 상상을 하면서 두려움을 키우기 때문이에요. 그럴 땐 누군가에게 물어보거나 털어놓아 보세요. 두려움과 공포는 자연스럽게 사라질 거예요. 무엇인지 제대로 알고 나면, 막상 우리가 상상했던 것만큼 무섭거나 두려운 존재가 아닐 수 있거든요.

언젠가는 엄마 아빠도 죽나요?

우리는 사랑하는 가족이나 소중한 누군가가 세상을 떠나면 이런 걱정을 해요.

"혹시 나도 그들처럼 죽는 건 아닐까?"
"혹시 우리 엄마 아빠가 갑자기 죽으면 어떡하지?"

죽음을 걱정하고, 불안해하고, 두려워하는 건 당연하고 자연스러운 일이에요. 그렇지만 꼭 기억해야 할 게 있어요. 여러분 곁에 있는 소중한 사람들은 오래오래 살 거라고요. 여러분이 어른이 되고, 할머니와 할아버지가 될 때까지 오래오래 우리 곁을 지켜 줄 거예요. 너무 걱정하지 마세요.

문득 죽음에 대한 두려움 때문에 밤새 잠을 잘 수 없을지도 몰라요. 옷장에 유령이나 괴물이 있다고 상상할 때 느끼는 공포감과 비슷할 거예요. 하지만 생각해 보세요. 어두운 밤 침대에 누워 '옷장 안에 괴물이 있을 거야'라고 벌벌 떨며 괴로운 시간을 보내면 너무 힘들지 않을까요?

차라리 용감하게 옷장을 열고, 그 안에 무엇이 있는지 직접 확인하는 것이 더 좋은 방법이에요. 가만히 움츠리고 있기보다 용감하게 행동을 해야 두려움에서 빠르게 벗어날 수 있어요.

여전히 죽음이 너무 두렵고 무섭게 느껴진다면, 여러분의 마음을 활짝 열고 살펴보세요. 우리가 죽음을 어떻게 생각하는지, 어떤 게 제일 무서운지, 얼마나 두려워하고 있는지를 말이에요. 내 마음속에 귀를 대고 그 소리를 들으려고 노력해 보세요.

누구에게 털어놓아야 하나요?

죽음은 나이와 상관없이 모든 사람에게 슬픔을 가져다줘요. 어린아이에게도, 다 큰 어른에게도 죽음은 너무 무섭고 슬픈 일이에요. 어른들도 사랑하는 사람의 죽음을 경험하면 깊은 슬픔에 빠져요. 마음의 여유를 다 빼앗겨 여러분의 마음이 어떤지, 일상을 잘 보내고 있는지 챙기는 일을 깜빡 잊을 지도 몰라요.

그럴 땐 여러분이 먼저 다가가 보세요. 죽음에 대한 생각과 감정을 꺼내서 이야기하다 보면, 마음속 두려운 감정들은 자연스럽게 줄어든답니다.

그렇다면 누구에게 내 마음을 털어놓아야 할까요? 여기 좋은 생각이 있어요.

- 엄마, 아빠, 또는 가족들에게 이야기해 보세요.
- 친한 이웃, 가까운 친구들과 마음을 나눠 보세요.
- 종교 활동을 하면서 만나는 목사님이나 신부님, 스님께 털어놓아 보세요.
- 학교 선생님이나, 교장 선생님께 물어볼 수도 있어요.
- 상담 선생님께 우리의 상황과 감정을 솔직하게 이야기할 수도 있어요.

상대방에게 말할 때는 여러분의 감정을 솔직하게 표현하는 게 좋아요.

- "앞으로가 걱정되고 너무 혼란스러워요. 이제 나는 어떻게 해야 하나요?"

- "세상을 떠난 이들이 너무 보고 싶고 그리워요."
- "더 이상 그 사람(가족, 친구, 반려동물)과 이야기할 수 없어서 너무 슬퍼요."
- "혼자 남겨진 기분이 들어서 외로워요. 관심과 사랑이 필요해요."
- "말로 설명할 수 없어요. 나를 따뜻하게 안아주세요."

죽으면 어떻게 돼요?

어느 누구도 살아 있는 동안에는 죽음이 무엇인지 정확하게 알 수 없어요. 죽음은 알기 어렵고, 무척 신비로운 거니까요.

사람이 죽으면, 생명이 그들의 몸을 떠나요. 숨을 쉴 수 없는 상태가 되는 거예요. 죽으면 생각할 수도 없고, 말을 하거나 움직일 수도 없고, 음식을 먹을 수도 없어요. 그래서 죽은 사람은 어느 누구에게도 자신이 경험한 죽음이 어떤 거라고 말해 줄 수 없지요.

어쩌면 여러분은 죽음 근처까지 갔다가 살아남은 사람에게 비밀스런 이야기를 들었을지도 몰라요. 누구는 아주 밝은 빛을 가진 물체를 봤다고 하고, 누구는 죽은 사람들의 목소리를 들었다고도 해요. 그렇지만 그 이야기가 진짜인지는 아무도 알 수 없어요.

나는 내 친구 레나의 죽기 바로 직전 얼굴을 보았어요. 레나는 그 순간에도 환하게 웃으며 미소 짓고 있었어요. 아직도 레나의 표정을 잊을 수가 없답니다. 그 후로 죽음이 평화롭고 고요한 것이라고 생각하게 되었어요.

마음이 아파요

우리와 가깝게 지낸 사람이 세상을 떠나면, 마음속에서 소용돌이가 치기 시작해요. 어느 날은 너무 슬퍼서 눈물을 흘리기도 하고, 때로는 화가 나기도 하고, 마음이 아파서 고통스럽기까지 하죠. 슬프고 속상한 마음을 달랠 길이 없어 몸을 공처럼 웅크리고 숨고 싶을 지도 몰라요.

우리가 '애도'라는 감정을 처음 경험하고 있어서 그래요. 애도는 사랑하는 이들이 죽어서 더 이상 만날 수 없을 때, 사람이 느낄 수 있는 가장 깊은 슬픔이에요.

여러분이 느끼는 기분을 아래의 그림에서 찾아보고 설명해 보세요. 여러분은 지금 어떤 기분이 드나요?

슬픈가요?   충격받았나요?    화가 나나요?

무섭나요?    불안한가요?    믿겨지지 않나요?

혼란스럽나요?

마음이 아픈가요?

아무 느낌이 없나요?

무기력하나요?

스트레스 받나요?

속상한가요?

외롭나요?

걱정되나요?

여러분의 감정을 표현할 수 있는 그림을 찾지 못했다면, 나의 기분을 나타낼 수 있는 그림을 한번 그려 보세요.

마음 깊은 곳에 상처가 나면 아무것도 먹고 싶지 않을 수 있어요. 악몽을 꾸고, 잠을 푹 잘 수 없을지도 몰라요. 떠나버린 이들을 매일 그리워하며 애타게 찾을 수도 있어요.

죽은 사람이 다시 돌아올 수 없다는 것을 머리로는 알지만, 마음은 여전히 슬프고 텅 빈 것처럼 느껴지기 때문이에요. 그래서 딱 한 번만이라도 다시 볼 수 있게 해 달라고 간절히 기도하기도 해요.

기억하세요. 우리의 몸과 마음은 죽음을 경험하고 슬퍼하는 여러분이 아픔을 잘 극복할 수 있도록 열심히 노력하고 있답니다.

울어도 괜찮을까요?

사랑하는 누군가의 죽음을 겪고 난 후, 어떤 사람은 마치 아무 일도 없었던 것처럼 행동하기도 해요. 속으로는 너무 슬프지만 겉으로는 하나도 슬프지 않은 척하며 아무렇지 않게 행동하는 거지요. 마음속에 거대하고 단단한 벽을 만들어요. 아무도 이 벽을 무너뜨릴 수 없고, 넘어설 수도 없어요. 마음 깊은

곳에 슬픔을 가두고 열쇠로 꼭꼭 잠가버리는 것과 같은 거예요. 하지만 그럴수록 슬픔은 커져요. 그렇다면 우리는 마음속 벽을 없애기 위해 무엇을 해야 할까요?

제일 좋은 방법은 슬픔을 밖으로 표현해 보는 거예요. 눈물을 흘려보내면서요. 언제든 울고 싶으면 울어도 괜찮아요. 아프고, 허전하고, 괴로운 감정들을 숨기거나 모르는 척하지 말고 표현해 보세요.

이제 더 이상 "나는 괜찮아"라고 하며 의젓한 표정을 짓지 않아도 돼요. 몇몇 친구들이 울보라고 놀려도 아기나 겁쟁이가 되는 건 아니에요. 그냥 우리가 느끼는 슬픔이라는 감정이 눈물로 나오는 거니까요.

울음은 슬픔을 마음 밖으로 떠나보내는 행동이에요. 그리고 슬픔을 위로해 주는 아주 좋은 방법이라는 것을 기억하세요.

내 잘못 같아요

많은 친구들이 이렇게 말해요.

"할머니가 돌아가셨는데 다 내 잘못인 것 같아요."
"그동안 나쁘게 행동하고, 열심히 기도를 하지 않아서 할머니가 죽은 게 아닐까요?"
"내가 할머니의 죽음을 막을 수 있지 않았을까요?"

　만약 여러분도 이런 생각들이 자꾸 떠오른다면, 그건 아마 '죄책감'이라는 감정 때문일 거예요. 죄책감은 사랑하는 사람의 죽음이 내 잘못이라고 착각하면서 스스로를 혼내고 나쁘게 여기는 것을 말해요. 그렇지만 누군가가 죽었다고 해서 내 잘못이라고 생각할 필요는 없어요. 자신을 비난하거나 나쁘다고 생각하지 않아도 된다는 뜻이에요.

　잊지 마세요. 누군가의 죽음은 여러분의 잘못도 아니고, 나쁜 행동을 해서 받는 벌도 아니랍니다.

만일 누군가가 큰 병에 걸렸다는 소식을 들으면, 그 사람이 죽는 악몽을 꿀 수도 있어요. 설상가상으로 꿈에서 일어난 일이 실제로 벌어지면 우리는 또 착각을 해요. '혹시 내가 나쁜 꿈을 꿔서 죽은 건 아닐까? 내 잘못일지도 몰라'라고요. 하지만 분명히 알아야 해요. 여러분의 꿈 때문에 그 사람이 죽은 것은 아니에요. 꿈은 어디까지나 꿈일 뿐이랍니다.

다시 한 번 말하지만, 사랑하는 누군가가 죽은 것은 여러분이 나쁘게 행동해서도 아니고, 잘못해서도 아니에요. 우리가 살아가는 우주에서 벌어지는 자연스러운 일이랍니다.

혼자 있고 싶어요

아빠가 죽었을 때, 혼자서만 있고 싶었던 적이 있어요. 그때의 나는 무슨 말을 해야 하는지, 무엇을 어떻게 해야 하는지 전혀 알지 못했어요. 몸이 부들부들 떨렸고, 아무 생각 없이 무작정 걸어 다니곤 했죠. 마치 악몽을 꾸고 나서 공포에 질린 사람처럼 말이에요. 아무에게도 위로받고 싶지 않았고, 그저 혼자 있고 싶었어요. 주위 사람들은 나를 다독이고 챙겨 주려고 했지만, 나는 그들을 저 멀리로 밀어냈어요.

여러분도 가족이나 소중한 누군가를 잃었다면, 나와 같은 기분을 느낄 수 있어요. 내가 얼마나 슬픈지 알려 주고 싶지 않고, 너무 속상하고 화가 나서 어떤 말도 하고 싶지 않을 거예요.

우리의 마음은 '나를 좀 내버려 둬'라고 소리치지만, 한편으론 사람들의 도움과 관심이 필요하다고 말하고 있을지도 몰라요.

혼자 있고 싶은 마음이 들어도 괜찮아요. 홀로 조용히 앉아 떠나보낸 가족이나 친구, 반려동물과 함께한 추억을 떠올릴 수 있으니까요. 그렇지만 너무 많은 시간 동안 외롭게 지내면 좋지 않답니다. 여러분 곁에는 소중한 사람들이 늘 함께하고 있답니다.

너무 화가 나요

나에게 소중한 누군가의 죽음을 겪고 나면 화가 많이 날 수 있어요. '왜 이런 일이 나한테만 일어난 거야. 이 세상은 너무 불공평해!'라는 억울한 마음으로 가득 차지요. 사랑하는 사람을 영영 잃어버리고, 내 곁을 떠나버린 사실에 화가 나는 거예요. 또 그 사람을 잊지 못하고 그리워하는 내 모습을 보면서 더욱 화가 나기도 하지요. 그래서 우리는 종종 가족이나 친구들에게 소리를 지르고, 상처 주는 말을 하기도 해요. 어쩌면 물건을 집어 던질 수도 있어요.

　이제부터 우리 마음속의 화를 진정시킬 수 있는 방법을 알려 줄게요.

- 화가 나는 감정에 대해서 다른 사람과 이야기를 나눠 보세요.
- 주먹을 세게 쥐고, 폭신한 침대를 힘껏 쳐 봐도 좋아요.
- 공원으로 가서 크게 소리쳐 봐요.
- 수영, 달리기, 힘껏 공 던지기와 같이 몸을 움직여 보세요.
- 강아지와 편안히 산책하는 시간을 가져 보세요.
- 클레이를 두드려 보거나 힘껏 눌러서 원하는 모양을 만들어 보세요.

언젠가는 괜찮아 질까요?

슬픔, 분노, 걱정과 같은 감정은 파도처럼 우리를 덮치기도 해요. 어느 날은 괜찮다가, 어느 날은 언제 그랬냐는 듯이 기분이 나빠지죠. 마치 롤러코스터를 타고 오르락내리락하는 기분일 거예요. 시시때때로 변하는 감정을 없애는 마법의 약을 원할지도 모르지만, 아쉽게도 그런 약은 없답니다. 대신 스스로 불안정한 감정을 보살필 수 있는 좋은 방법이 있어요.

첫 번째는 활동적으로 지내는 거예요. 집밖으로 나가 뛰기도 하고, 큰 소리로 외쳐 보세요. 날씨도 느껴 보고, 친구를 만나도 좋아요.

두 번째는 내 마음 속 감정을 꺼내놓는 거예요. 울고 싶으면 울고, 마음을 털어놓을 수 있는 가족이나 친구에게 내가 느끼는 감정을 말해 보세요. 가끔은 말하는 것보다 따뜻한 포옹이 도움이 될 때도 있어요. 사랑하는 사람에게 안기거나 소중한 반려동물을 살포시 안아 보세요.

　세 번째는 일기를 써 보는 거예요. 지금 내가 느끼는 감정이나 생각을 일기장에 써 놓으면 마음이 차분해져요. 내가 쓴 글을 가족과 친구들에게 들려줘도 좋아요. 또 그림을 그리는 것도 좋은 방법이에요. 빈 공책이나 스케치북에 나의 기분을 자유롭게 표현해 보세요.

　지금 한번 해 보면 어떨까요? 내 마음의 소리에 집중하고, 기억하고 싶은 것들을 글로 쓰거나 그림으로 표현해 보세요. 참, 여러분이 원한다면 나만의 비밀 공책을 만들고 혼자 간직해도 좋아요.

즐겁게 지내도 괜찮나요?

"하루하루 즐겁게 지내면 슬픔을 잊을 수 있어요."

나의 소중한 친구 오드리가 죽기 전에 한 말이에요. 친구는 7살에 일찍 세상을 떠났지만, 내게 큰 깨달음을 주었어요. 사랑하는 사람이 곁을 떠났을지라도, 우리는 하루하루 즐겁게 보내야 한다고요. 이제는 다시 만날 수 없는 가족이나 친구도 그만 슬퍼하라고 이야기해 줄 거예요. 그분들도 여러분이 즐겁게 지내기를 바라고 있을 거랍니다.

여러분은 무엇을 할 때 가장 즐겁나요? 내가 좋아하는 것, 내가 재미있게 할 수 있는 것, 내가 행복할 수 있는 것들을 생각해 보세요. 그리고 공책에 내가 즐겁게 할 수 있는 일들을 하나씩 적어 보세요. 나만의 웃음짓기 목록을 만드는 거예요.

힘든 일들 때문에 지쳐서 기운을 내야 할 때마다 공책을 펼치고, 여러분이 하고 싶은 일을 골라 보세요.

슬픔에서 벗어나 바쁘게 지내보세요. 좋아하는 놀이를 하거나 친구들과 이야기를 나누면서 즐거운 시간을 보내는 거예요. 즐겁고 행복한 시간을 많이 가질수록 우리의 아픔도 점점 옅어질 거예요.

죽으면 어디로 가나요?

"도대체 사람이 죽으면 어디로 가나요?"
"천국으로 가서 하나님과 함께 사나요?
"또 다른 사람으로 태어나나요? 아니면 유령이 되어 이곳저곳 떠돌아다니나요?"

우리는 사람이 죽은 후에 어떤 일이 벌어지는지 알기 어려워요. 어느 누구도 이러한 궁금증을 확실하게 풀어 주지 못하죠.

사람들은 자신이 믿는 종교에 따라 죽음 이후의 모습을 다르게 생각해요. 기독교, 유대교, 무슬림의 종교를 가진 사람들은 천국에서 자신이 믿는 신과 함께 평화로운 삶을 살 수 있다고 생각해요. 힌두교와 불교를 믿는 사람들은 죽은 사람이 다시 태어난다고 믿어요. 사람이나 동물, 나무 등의 모습으로 다시 태어나 새로운 삶을 살 수 있다고 생각하는 거예요.

여러분은 어떻게 생각하나요? 잘 모르겠다면 부모님께 물어보세요. 어떤 종교를 가지고, 어떤 믿음을 가지느냐에 따라 생각이 다를 수 있답니다.

죽은 사람의 몸은 어떻게 되나요?

전 세계의 여러 나라들은 다양한 문화를 가지고 있어요. 그래서 죽은 사람을 애도하는 방법도 모두 다르답니다. 많은 문화에서는 사람이 죽으면 몸을 씻기고, 옷을 입히는 등의 과정을 중요하게 생각해요. 각자의 장례 예법대로 죽은 사람의 몸인 '시신'을 준비한 후, 나무 상자인 '관'에 안치해요.

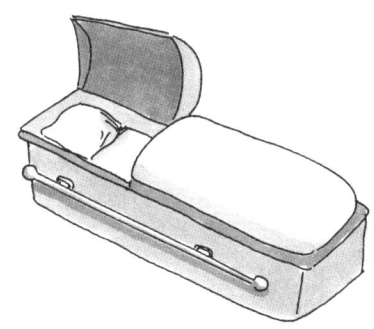

죽은 사람의 모습은 어떨까요? 많은 사람들이 무섭지는 않을지, 끔찍하지는 않을지 궁금해 해요. 실제로 죽은 사람의 모습은 차분하고 편안해 보여요. 마치 눈을 감고 입을 다문 채 곤히 자고 있는 사람처럼 보이기도 하죠.

고인을 기리는 장례식 마지막 날에는 죽은 사람의 몸을 매장하거나 화장을 해요. 여기서 '매장'은 죽은 사람의 몸이 안치된 관을 땅속에 묻는 것을 말해요. 그리고 '화장'은 죽은 사람의 몸을 불로 태워 한 줌의 재로 만드는 것을 말해요.

이 이야기가 잔인하게 들릴 수도 있지만, 죽은 사람은 생명이 끊어졌기 때문에 아프거나 뜨거운 것을 느낄 수 없답니다. 한 줌의 재가 되어버린 고인은 유골함에 담아 집이나 묘지, 추모 공원에 모셔요.

고인이 죽기 전에 원하던 특별한 장소에 재를 뿌리기도 합니다. 내 친구 하워드는 자신의 집 근처에 있는 산을 정말 좋아했어요. 하워드가 세상을 떠난 후 가족들은 그 산에 하워드의 유골가루를 뿌렸어요.

다음해 봄에 산등성이를 따라 예쁜 꽃이 피어났어요. 하워드의 부모님은 그 꽃들을 보고 하워드의 밝은 모습과 영혼이 꽃 하나하나에 깃들어 있는 것 같다고 말씀하셨답니다.

마지막 인사는 어떻게 하나요?

죽은 사람을 기억하고 추모하는 방법에도 다양한 문화와 관습이 있어요. 고인을 존경하고 애도하는 의미로 검은색이나 흰색 계열의 장례복을 입고, 예배를 드리거나 기도를 해요. 또는 고인을 기리는 잔치를 열어 밝은 분위기를 내기도 하지요.

어떤 문화에서는 집에 있는 액자나 거울을 모두 덮어 놓고, 향과 종이를 태우기도 해요. 이런 전통은 여러 세대를 걸쳐 우리에게 전해져요.

미국에서는 장례식이 끝나고 조문객들이 나설 때 '깨우다'라고 일컬어지는 의식을 행해요. 죽은 사람을 일으켜 깨운다는 의미가 아니에요. 이 의식은 죽은 사람을 마지막으로 지켜보고, 마지막 인사를 나누는 것을 말해요.

장례식, 추도식이 뭐예요?

사랑하는 가족이나 친구들이 세상을 떠나면, 마지막으로 이별의 시간을 갖는 '장례식'을 치러요. 장례식은 교회나 성당 또는 장례식장이라고 불리는 공간에서 행해져요. 우리나라는 보통 3일 동안 장례식을 치러요. 가족들과 장례식장을 찾아오는 조문객 모두 검정색이나 흰색의 옷을 입지요.

장례식장에 들어서면 고인에게 인사를 하고, 기도하며 추모를 해요. 이때 고인의 가족은 시간을 내서 찾아와준 조문객에게 음식을 대접하며 고마운 마음을 전한답니다.

 '추도식'은 교회나 고인에게 특별했던 장소에서 행해져요. 함께 모인 가족과 친구들은 고인을 추억하며 이야기를 나눠요. 이때 노래를 부르거나 연주를 하며 고인을 추모하는 시간을 갖기도 해요. 분위기가 무겁게 가라앉을 필요는 없어요. 때로는 마음의 위안이 되어 주는 음악에 위로받는 답니다.

사랑하는 가족이나 친구가 세상을 떠났을 때, 장례식이나 추도식 같은 의식은 정말 중요해요. 우리는 이 시간을 통해 떠난 사람을 애도하고, 자신의 슬픔을 표현할 수 있기 때문이에요.

장례식에서는 어린아이들을 보기가 어려워요. 부모님은 여러분이 너무 슬퍼하고 두려워할 거라고 생각해서 데려가는 것을 원하지 않나 봐요. 만약 누군가가 죽어서 마지막 인사를 전하러 가고 싶다면, 부모님이나 친척들에게 물어보세요.

사정이 생겨 갈 수 없다면, 그 시간동안 나만의 방법으로 고인의 죽음을 애도해 보아도 좋아요. 몇 가지 방법을 알려 줄게요.

- 편지를 쓰거나 카드를 만들어 보세요.
- 고인을 떠올리며 함께한 소중한 추억과 일화를 적어 보세요.
- 고인이 주었던 선물이나 편지를 꺼내어 보세요.
- 큰 소리로 이름을 불러 보고, 사랑한다고, 보고 싶다고 말해 보세요.

장례식이나 추도식에서는 많은 사람들이 슬퍼하는 모습을 볼 수 있어요. 때때로 부모님이나 어른들이 우는 모습을 지켜보는 일은 힘이 들 수 있어요. 하지만 슬픈 감정을 느끼고 우는 일은 나이와 상관이 없어요. 당연하고 자연스러운 일이랍니다. 우리가 느끼는 슬픔을 눈물로 흘려보내면, 슬픔은 줄어들고 위로가 돼요.

어느 날 나의 소중한 친구인 알렉스가 이렇게 말했어요. 우리가 슬퍼하는 사람을 위해 할 수 있는 일은 그들의 두 손을 꼭 잡아 주는 것이라고요.

　장례식이나 추도식은 우리를 울게도 만들고, 웃게도 만들어요. 세상을 떠난 사람이 그리워져서 더욱 보고 싶을 수도 있어요. 가만히 그들과의 추억을 떠올려 보세요. 그리고 그곳에 있는 사람들과 포옹을 하거나 손을 잡고 마음을 나눠 보세요. 서로의 감정을 표현하고 나눌 때 슬픔은 반으로 줄어든답니다.

우리나라는 장례를 치르는 3일째 되는 날, 시신을 담은 관을 검은색 운구차에 싣고 매장지나 화장터로 향해요. 가족과 친구들 모두 그 차를 뒤따라가요. 매장지에 도착하면, 땅에 구덩이를 파고 관을 묻어요. 하나의 무덤을 만드는 것이지요. 무덤 앞에는 고인의 이름과 남기고 싶은 말을 새긴 묘석을 세워요. 묘석은 크고 화려하게 만들기도 하고, 땅에 눕혀 납작하게 만들기도 해요.

여러분이 공포 영화에서 본 묘지를 떠올린다면 무섭고 소름 끼치는 장소라고 생각할지도 몰라요. 그렇지만 묘지는 무서운 곳이 아니라 조용하고 평화로운 곳이랍니다. 죽은 사람이 살고 있는 곳도 아니고, 유령이나 귀신을 볼 수 있는 장소도 아니에요. 떠난 이들이 잠들어 있는 무덤과 가족들이 묘석 앞에 가져다 놓은 형형색색의 예쁜 꽃들이 모여 있는 곳이랍니다.

마지막 인사를 해 볼까요?

세상을 떠난 가족이나 친구들에게 마지막 인사를 하는 방법에는 여러 가지가 있어요. 묘소에 가서 큰 소리로 말해 보거나 속삭이며 비밀을 나눌 수도 있어요. 편지나 카드를 쓰고, 그림을 그리면서 마지막 인사를 나눌 수도 있어요. 여러분의 마음속에 뒤엉킨 감정을 조금이라도 표현할 수 있고, 나아지게 할 수 있는 거라면 어떤 것이든 좋아요.

아빠를 떠나보낸 어느 날, 아빠가 일하셨던 작업실에 가 본 적이 있어요. 텅 빈 작업실에 우두커니 앉아 마치 아빠가 그곳에 계신 것처럼 말을 했어요.

"아빠! 내가 아빠 대신 엄마와 동생들을 잘 보살필게요. 그리고 아빠를 영원히 잊지 않을 거예요."

아빠의 사진을 책상 위에 두고 매일매일 아빠를 기억했어요. 사진을 보면서 행복한 시간을 떠올리며 웃기도 했고, 너무 슬퍼서 울기도 했지요. 행복한 추억 때문에 웃기도 하고, 너무 보고 싶어서 울기도 했지만, 이 시간들은 내 마음이 점점 괜찮아질 수 있도록 도와주었답니다.

사랑하는 고인을 추억하는 방법에는 여러 가지가 있어요.

- 언제든 펼쳐 보면 곁에 있다고 느낄 수 있는 사진첩을 만들어 보세요.
- 식물이나 꽃에 고인의 이름을 붙이고, 사랑을 담아 키워 보세요.

- 가족이나 친구들과 모여 고인과 함께 나눈 소중한 추억을 이야기해 보세요.
- 가족들에게 고인의 생일마다 초를 피워 두자고 부탁해볼 수도 있어요.

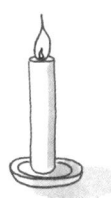

- 나에게 고인이 얼마나 특별했는지 이야기 나눠 보세요.
- 농구, 축구, 야구 등으로 고인을 기리는 추모 경기를 할 수도 있어요.
- 고인의 이름으로 기부를 할 수도 있어요. 원한다면 부모님께 여쭤보는 것도 좋은 방법이에요.
- 고인의 묘소에 직접 찾아가 인사를 건네 보세요.

- 고인을 떠올리며 그림을 그려 보거나 시를 써 보면 어떨까요? 그리고 방 한편이나 묘석, 납골당 옆에 붙여 두는 거예요.
- 고인과의 추억이 담긴 물건을 비밀 장소에 보관해 보세요. 보고 싶을 때마다 꺼내 보면서 기억하는 거예요.

추억을 가지고 살 거예요

사랑하는 이들을 잃었을 때 우리의 삶은 예전과 확연히 달라질 거예요. 부모님을 잃었다면 이제 나를 누가 돌봐 줄까 걱정이 될 테고, 형제나 자매, 친구를 잃었다면 곁에 아무도 없는 듯 삶이 텅 비어버린 느낌을 받을 거예요. 나에게 일어난 갑작스러운 변화를 받아들이기 어려워져요.

　앞으로 어떻게 해야 할지 걱정이 된다면, 여러분을 잘 이해해 줄 수 있는 가까운 어른들에게 도움을 청해 보세요. 그들은 분명히 좋은 방법을 알려 줄 거예요. 그리고 친구들과 대화해 보세요. 아마도 친구들은 여러분이 슬픔에 잠겨 있어 예전처럼 놀자고 불러내거나, 연락하는 것을 주저할 지도 몰라요. 친구들에게 괜찮다고 말해 주고, 예전처럼 함께 지내자고 표현해 주세요. 죽음에 대해 이야기를 꺼내도 되고, 질문해도 괜찮다는 것도 알려 주세요.

시간이 흐르면 슬픔과 걱정, 화가 나고 혼란스러운 감정이 가라앉고, 외로움도 옅어질 거예요. 지금은 안 될 거라고 생각하겠지만, 걱정하지 마세요. 반드시 나아지고, 괜찮아질 거예요. 왜냐하면 시간은 고통을 치유해 주는 힘을 가지고 있기 때문이에요.

그러다가도 문득 고인의 생일이나 특별한 날에 무척 그리워질지도 몰라요. 또다시 마음이 아파지고, 깊은 슬픔이 찾아오기도 해요. 그럴 땐 주변 사람들에게 털어놓아 보세요. 당신의 기분을 사람들에게 표현하는 것도 괜찮답니다.

소중한 사람을 잃었더라도 영원히 남아 있는 것이 있어요. 바로 추억이에요. 함께 찍은 사진, 함께 간 장소, 그곳에서 산 기념품, 함께 나눈 편지를 보면서 추억을 간직할 수 있어요.

추억을 하나씩 꺼내 보면서 나에게 얼마나 소중한 사람이었는지, 얼마나 즐겁고 행복한 시간을 함께 보냈는지 떠올려 보세요. 사랑하는 사람의 미소, 목소리, 웃음을 기억하는 것만으로도 위로가 된답니다.

사랑하는 사람이 내 옆에 없더라도, 추억은 우리 곁에 영원히 머물러 있답니다. 우리가 기억하고 있는 한, 그들은 우리 마음속에서 항상 함께할 거예요.

나만의 추억 기록장

지금은 여러분 곁에 없지만, 떠나간 이들을 떠올리며 함께한 추억을 기록해 보세요. 행복했던 날의 기억을 그림으로 그려보거나 글로 남겨 보세요. 그리고 그들에게 하고 싶은 말을 적어 보세요. 편지처럼 써 봐도 좋아요.

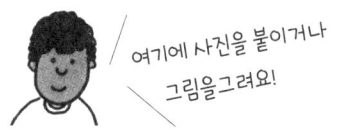

여기에 사진을 붙이거나 그림을 그려요!

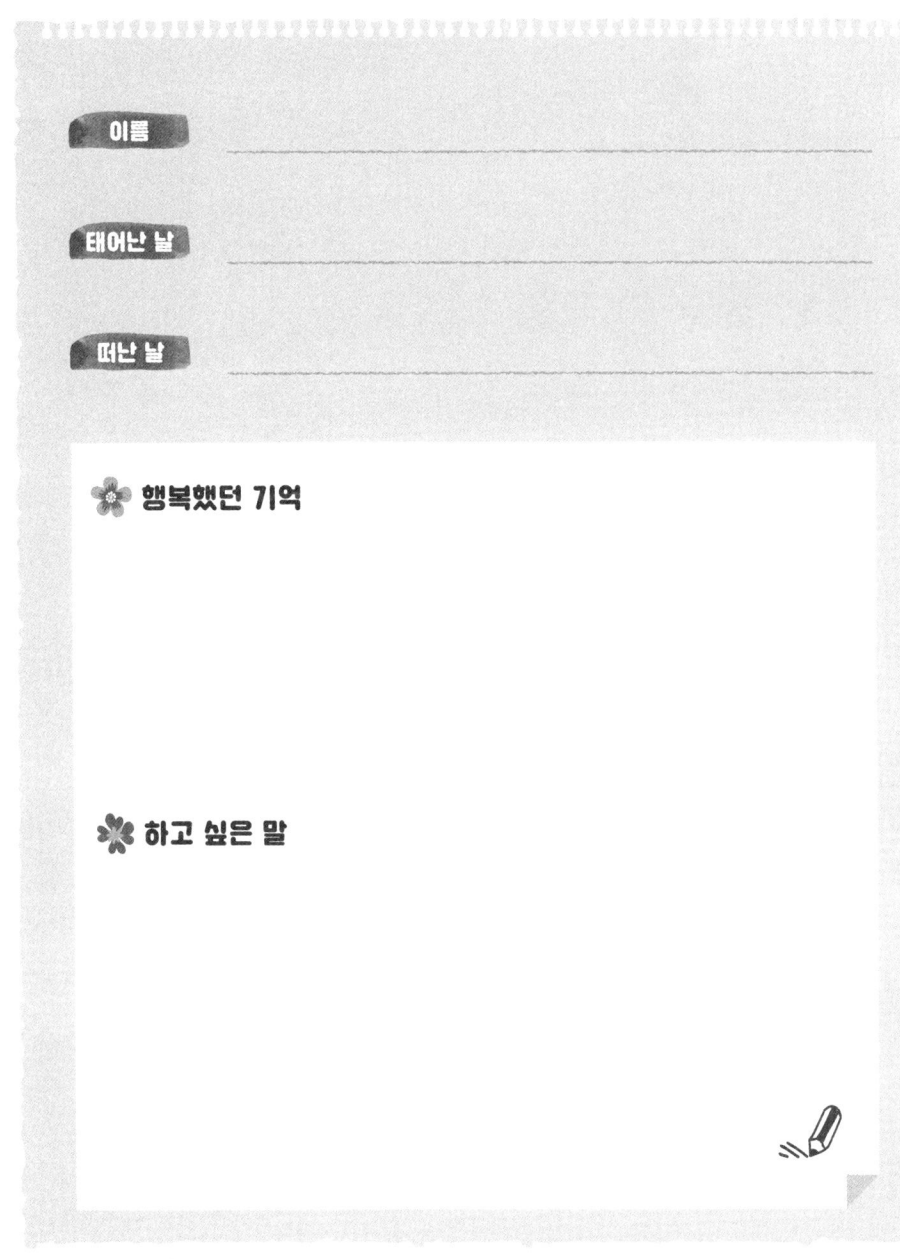

이름

태어난 날

떠난 날

❀ 행복했던 기억

❀ 하고 싶은 말

나만의 추억 기록장

이름

태어난 날

떠난 날

🌸 **행복했던 기억**

🌸 **하고 싶은 말**

나만의 추억 기록장

이름

태어난 날

떠난 날

❀ 행복했던 기억

❀ 하고 싶은 말

죽음을 배우러 가볼까?

2020년 10월 15일 초판 1쇄 발행

지은이 | 트레버 로메인
편집 | 엘리자베스 버딕
옮긴이 | 권성애
펴낸곳 | SA(에쎄이) Publishing Co.

주소 | 서울특별시 강남구 영동대로 602, 6층 sgi159(삼성동)
이메일 | sapublishingco@gmail.com
팩스 | 02-6305-0038

출판등록 제2020-000019호

ISBN 979-11-969486-0-3

• 책값은 뒤표지에 있습니다.
• 잘못 만들어진 책은 구입하신 서점에서 바꾸어 드립니다.

이 도서의 국립중앙도서관 출판예정도서목록(CIP)은 서지정보유통지원 시스템 홈페이지(http://seoji.nl.go.kr)와 국가자료종합목록 구축시스템 (http://kolis-net.nl.go.kr)에서 이용하실 수 있습니다.
(CIP제어번호 : CIP2020032015)